Ein neuer Morgen,
ein neuer Tag

Vom Trost

Texte von
Johanna Schreiner
zu den Bildern
von Anselm Spring

PATTLOCH

Sanfte Melodie der Lüfte
nimmt hinweg mein Sehnen,
zarte Töne locken
Zuversicht hervor.

Die Symphonie des Morgens
läßt weichen meine Sorgen.

*W*ie oft erleben wir Phasen in unserem Leben, in denen vieles dunkel erscheint und verworren bleibt. Auf einmal merkt man, daß der Sinnzusammenhang für das Ganze schon längst verlorengegangen ist. Einsame Nacht legt sich über unser Leben. Mißlungene Tage, Mutlosigkeit und Hoffnungslosigkeit machen sich breit. Wieviel mehr vermögen persönliche Schicksalsschläge wie zum Beispiel die schmerzliche Erfahrung, einen geliebten Menschen zu verlieren, schwere Enttäuschungen, das Scheitern von Beziehungen oder von Plänen, aber auch berufliche Niederlagen an der eigenen Zuversicht zu rütteln und uns – fast im wörtlichen Sinn – niedergeschlagen zurückzulassen. Die Kraft zum Aufstehen fehlt.

Gerade weil wir diese Zeiten der Hoffnungslosigkeit, der Tage und Wochen ohne echte Perspektive so intensiv erleben und erleiden, sind uns die Momente in unserem Leben so kostbar, in denen – plötzlich und unerwartet – von irgendwoher Licht inmitten des Dunkels aufscheint: ein heller Lichtstrahl fällt überraschend auf die eigene Geschichte. Ein Lichtblick tut sich auf. Eine bergende Kraft wird spürbar... Auf einmal wird man gewahr, daß Leid und Sorge nicht alles ist, was zum menschlichen Dasein gehört. Zarte Morgenröte, ein Mehr an Leben wird am Horizont des eigenen Weges sichtbar. Vertrauen in die eigene Kraft kehrt langsam zurück. Das tiefe Tal kann nun geduldig durchschritten werden, denn ein Stück Trost ist in uns eingezogen.

*Sich gegenseitig
beistehen*

Das Wort Trost ist verwandt mit „Treue" und „Vertrauen". Auch das englische „tree" für Baum gehört zum gemeinsamen Wortstamm, dessen ursprünglicher Sinn innere Festigkeit und Stärke meint. So wie menschliche Treue an die Festigkeit eines starken, tief verwurzelten Baumes erinnert, so vermag am ehesten ein Mensch zu trösten, der auch in schweren Zeiten zu einem steht, der treu ist.

Sich gegenseitig beistehen heißt einander trösten. Das kann ganz konkretes physisches Beistehen sein, eine helfende Hand, aber auch ein Wort, das Zuversicht schenkt, ein ermutigendes Lächeln oder auch einfach nur das Dasein für den anderen, im gemeinsamen Schweigen einander nahe sein. Echter Trost kann vielfältige Formen annehmen.

Die Fähigkeit, sowohl zu trösten als auch getröstet zu werden, entspringt dem Vertrauen im Menschen – dem Vertrauen darauf, daß wir in jedem Augenblick unseres Lebens „von guten Mächten" gehalten sind. In sehr alten christlichen Traditionen wird die Liebesmacht Gottes, der Heilige Geist, sowohl „Tröster" als auch „Beistand" genannt. Der Geist Jesu will nicht vertrösten, sondern stärken und begleiten, im Glauben daran, daß Gott mit ewiger Gültigkeit seinen Bundesbogen über die Erde gespannt hat. Der Regenbogen ist das Symbol für die Treue Gottes zu uns Menschen. In ihm bündelt sich das gesamte Farbenspektrum der Wirklichkeit. Dieses kosmische Zeichen, das Himmel und Erde verbindet, gilt in fast allen Kulturen als göttliches Zeichen. Nach dem biblischen Bericht sprach Gott zu Noah und seinen Söhnen, nachdem die Sintflut vorüber war: „Das ist das Zeichen des Bundes, den ich stifte zwischen mir und euch und den lebendigen Wesen bei euch für alle kommenden Generationen: Meinen Bogen setze ich in die Wolken; er soll das Bundeszeichen sein zwischen mir und der Erde; (...) und das Wasser wird nie wieder zur Flut werden, die alle Wesen aus Fleisch vernichtet" (Gen 9, 12-15).

Gilt auch für uns heutige Menschen diese Zusage Gottes? Jeder einzelne steht unter dem Bogen der Verheißung, daß Gott die Schöpfung im ganzen, aber auch den Lebensraum des einzelnen Menschen, trotz aller möglichen Katastrophen, trotz allen schweren Geschicks bewahren werde bzw. daß er einen neuen Himmel und eine neue Erde schaffen wird.

Den Schlaf nennt man auch den „Bruder des Todes". So gesehen, ist das Erwachen am Morgen des Tages immer ein kleines Wunder. Dankbar lasse ich mir Zeit dafür. In kleinen Schritten tauche ich aus der Tiefe meiner Träume auf. Durch die nächtliche Ruhe gestärkt, erhebe ich mich langsam und trete ans Fenster.

Das Fenster öffnend, begrüße ich den Morgen. Tröstend kann es sein, den Morgen schon in aller Frühe mitzuerleben. Die Natur ist noch unberührt, alles ist verheißungsvoll auf dem Sprung. Ich spüre, wie meine Lebenskräfte gemeinsam mit dem Tag neu erwachen.

Ein neuer Anfang ist gemacht.

Der Herr ist mein Hirte,
mir wird nichts mangeln.
Er lagert mich auf grüner Au
und führt mich zu frischen Wassern.
Er erquickt meine Seele.
Er führt mich auf rechten Pfaden
um seines Namens willen.
Muß ich auch wandern durch Todschattenschlucht,
so fürchte ich kein Unglück,
denn du bist bei mir.
Dein Stecken und dein Stab geben mir Zuversicht.
Du deckst mir den Tisch angesichts meiner Feinde.
Du hast mein Haupt mit Öl gesalbt,
du füllst mir reichlich den Becher.
Nur Güte und Huld werden mir folgen ein Leben lang,
und im Haus des Herrn
darf ich wohnen für immerdar.

Psalm 23

Ich wandere unter dem Erdenhimmel
allein
ziehe ich meine Bahnen.

Blicke ich auf in den Himmel
entdecke ich
dein Gesicht.

Der große Mystiker Jakob Böhme spricht vom Geist als dem „Bitterstachel", der im Herzen des Menschen plötzlich so zu wirken beginnt, daß der Mensch innerlich aufgebrochen wird und sich neu seiner Zukunft bei Gott inne wird. Trotz allem Schmerz wächst in ihm langsam neue Hoffnung. Eine Alternative tut sich auf.

Jakob Böhme spricht vom „Feuerschrak" als jener Kraft des Geistes, die den Menschen in seine Tiefe führt, so daß sein Lebensfunke sich neu entzündet. Das eigene vulkanische Urgestein wird lebendig.

Der Tröstergeist wirkt grundlos, so daß sich plötzlich ein Umschwung in der Seele ereignet. Das um sich selbst kreisende Ich beginnt, sich auf ein Du hin zu öffnen, sei es nach außen oder nach innen. Gemeinschaft stiftende Begegnung geschieht.

Ausgebrannt die Weltenseele
endlos schal
nur immer ICH

DU Bitterstachel, Tröstergeist
DU Feuerschrak, sei in der Zeit.

Schon wieder gab es gestern abend so ein großes Donnerwetter!

Wir hatten das Gewitter selbst über uns zusammengebraut. Wir hörten, wie es langsam aus der Ferne heranrollte. Es war nichts mehr dagegen zu machen. Ohnmächtig schauten wir ihm entgegen. Nun erschauern wir in Blitz und Donner, in Regen und Sturm.

Das Aneinanderkrachen und der Donner lösen angestaute Wut und den Ärger. Die gleißenden Blitze machen uns einander offenbar, schonungslos. Wahrheit geschieht.

Der Regen wäscht rein.

Die Luft, die zuvor dumpf und stickig war und uns schon lange das Atmen schwer gemacht hatte, klärt sich. Die dunklen, grollenden Gewitterwolken ziehen langsam ab. Die gesamte Atmosphäre hat sich wohltuend gereinigt. Am Horizont zeigt sich schon der erste Streifen des Abendrots.

Wir treten hinaus ins Freie. Alle Bedrohlichkeit ist von uns abgefallen. Sanftes Abendlicht umgibt uns. Wir atmen tief den unverwechselbaren Geruch der Regenluft in uns ein. Getrost beschließen wir gemeinsam den Tag, – und spüren weniger Furcht vor zukünftigen Gewittern.

Ich gehe am Waldrand
suchen
das Verlorene

wissend,
es hier nicht mehr zu finden.

Was wißt ihr Bäume
vom Trost?
Ich lehne mich an Dich, starker Freund,
umarme Deinen kräftigen Stamm,
würziger Rindenduft strömt in mich ein,
ich schließe die Augen
und spüre
wie ich langsam wieder glauben kann,
daß nicht alles umsonst gewesen ist,
und verwurzle mich von neuem im Leben.

Bist du nie des Nachts durch Wald gegangen,
wo du deinen eignen Fuß nicht sahst?
Doch ein Wissen überwand dein Bangen:
  Dich führt der Weg.

Hält dich Leid und Trübsal nie umfangen,
daß du zitterst, welchem Ziel du nahst?
Doch ein Wissen übermannt dein Bangen:
  Dich führt dein Weg.

Christian Morgenstern

Knospender Morgen
noch träumend
den nächtlichen Duft
des Waldes

Mondschattige Stille
noch träumend
und
schon Abschied nehmend
vom Glanz der Sterne

Aufsteigende Morgennebel
die Bäume umschleiernd

Milchglanz der Sonne
perlend
auf die Gipfel der Berge
läßt das Dunkel der Nacht
sich lichten

entschwebender Traum der Nacht
tröstender Quell
der aufblühenden Knospe
TAG.

Noch ahnt man kaum der Sonne Licht,
Noch sind die Morgenglocken nicht
Im finstern Tal erklungen.

Wie still des Waldes weiter Raum!
Die Vöglein zwitschern nur im Traum,
Kein Sang hat sich erschwungen.

Ich hab' mich längst ins Feld gemacht
Und habe schon dies Lied erdacht
Und hab' es laut gesungen.

Ludwig Uhland

Wieviel ungeweinte Tränen hängen noch
am Stacheldraht meines Lebens?
Aufgehängt am Stachel der Bitternis
gefangen im Dunkel der Zeit
      aber
      kostbar
      sich spiegelnd
      im aufsteigenden Morgenlicht.

Laß sie perlen, tropfen, strömen
Traurigkeit fließt über
Erleichterung wird am Ende sein.

      Ich sammle meine Tränen
      verwandelt
      in Segenswasser
Siehst du das Lächeln im Weinen?

Von guten Mächten wunderbar geborgen,
erwarten wir getrost, was kommen mag.
Gott ist mit uns am Abend und am Morgen
und ganz gewiß an jedem neuen Tag.

Dietrich Bonhoeffer

Durch das Erleben der Natur kann der Mensch, der sensibel ist für die Schönheit der Welt, intensive Trosterfahrungen machen – jenseits von naiver Naturschwärmerei: die Natur zeigt ihm ihren göttlichen Sinn. Die atemberaubende Schönheit des Regenbogens verzaubert für Augenblicke den Schauenden. Das Auge kann vom Schauspiel am Himmel nicht lassen. Das schwere Grau der Wolken wird durchbrochen durch die leuchtende Farbenvielfalt:

Steht der Bogen in den Wolken,
so werde ich auf ihn sehen
und des ewigen Bundes gedenken
zwischen Gott und allen lebenden Wesen,
allen Wesen aus Fleisch auf der Erde.

Gen 9, 16

Das, was entzwei war, fügt der Regenbogen zusammen und macht es als Ganzes sichtbar. Die Brücke zwischen Himmel und Erde offenbart sich aber nie bei strahlend blauem, wolkenlosem Himmel, sondern nur, wenn Sonne und Regen aufeinandertreffen. Ist es nicht in unserem Leben manchmal ähnlich?
Der Bogen in den Wolken sagt uns: Unumkehrbar hat die Schöpfung – und damit jeder und jede einzelne von uns – eine Zukunft in Gottes Händen.

Erstarrt bin ich,
einsam in den Himmel ragend.

Ausgestreckt ins Dunkel der Nacht,
alles Leben scheint entwichen.

Ein Schleier aus Eiskristallen umgibt mich,
klamm ist mein Herz

doch
aus der Ferne
kommt mir
Dein wärmendes Licht
entgegen.

Langsam
regen sich neue Lebensgeister
in meinen Gliedern,
und ich tanze im Strahlenkreis der Sonne.

Wer kennt nicht die Geschichte von der Arche Noah? Nachdem die Flut zurückgegangen war und Noah mit den Seinen aus der Arche herausgekommen war, erblickte er einen Regenbogen.

Der Hintergrund für diese und ähnliche Sintflutgeschichten war wohl eine kosmische Katastrophe gewaltigen Ausmaßes. Vor etwa 5000 Jahren v. Chr. stürzte ein riesiger Koment in großen Trümmern auf die Erde, 100 Meter hohe Flutwellen, wochenlange Verdunkelung der Atmosphäre und enorme Niederschläge waren die Folge. In Mythos und Bibel versuchen die Menschen, dieses gewaltige Ereignis psychisch zu verarbeiten.

Erleben wir heute nicht auch manchmal ein Stück eigene, persönliche „Sintflutgeschichte"? Eine Zeit, in der uns alles davonzuschwimmen scheint, was uns bisher lieb und teuer war, was uns Sicherheit gab; eine Zeit, in der mühsam erworbene Errungenschaften oder Freundschaften unterzugehen drohen. Harren wir in Geduld aus: auf einmal lichtet sich auf wunderbare Weise das Unwetter und gibt den Blick frei auf den neu errichteten Bogen in den Wolken. Himmelsgold senkt sich auf die Erde. Licht strahlt auf über den beruhigten Wassern des eigenen Lebens.

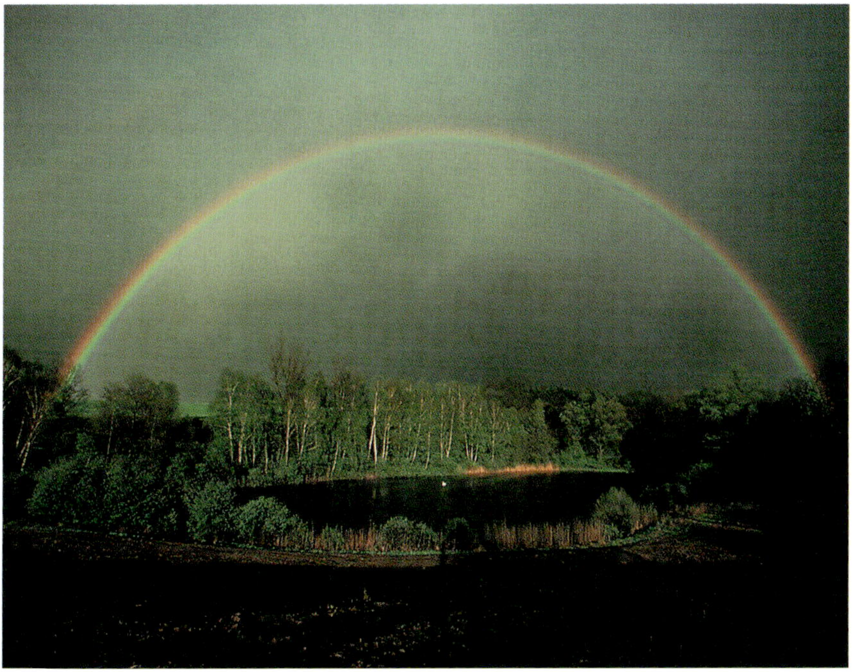

Ich weiß, o Herr, daß hier auf Erden
mir manches hart und bitter ist
und daß mein Herz in den Beschwerden
oft deine Güte ganz vermißt.

Allein ich glaube, daß die Nacht
dereinst vor deinem Strahl wird tagen
und meine Lippen preisend sagen:
Der Herr hat alles wohl gemacht.

Annette von Droste-Hülshoff

O Meer des Lebens!
Du überstehst Sturm und Gewitter,
selbst Blitzeinschläge können dir nichts anhaben.
Du nimmst sie in dich auf und verwandelst sie
in das Rauschen deiner Wellen.
Dein Branden und Fluten lassen sich nicht beirren,
immerwährend treu dein Meeresgrund.

Das Weltenmeer durchschreitend,
lausche ich dem Brausen deiner Wasser.
Unendliche Wogen lassen Grenzen verschwinden.

Deine Weite läßt meinen Blick sich wieder heben.

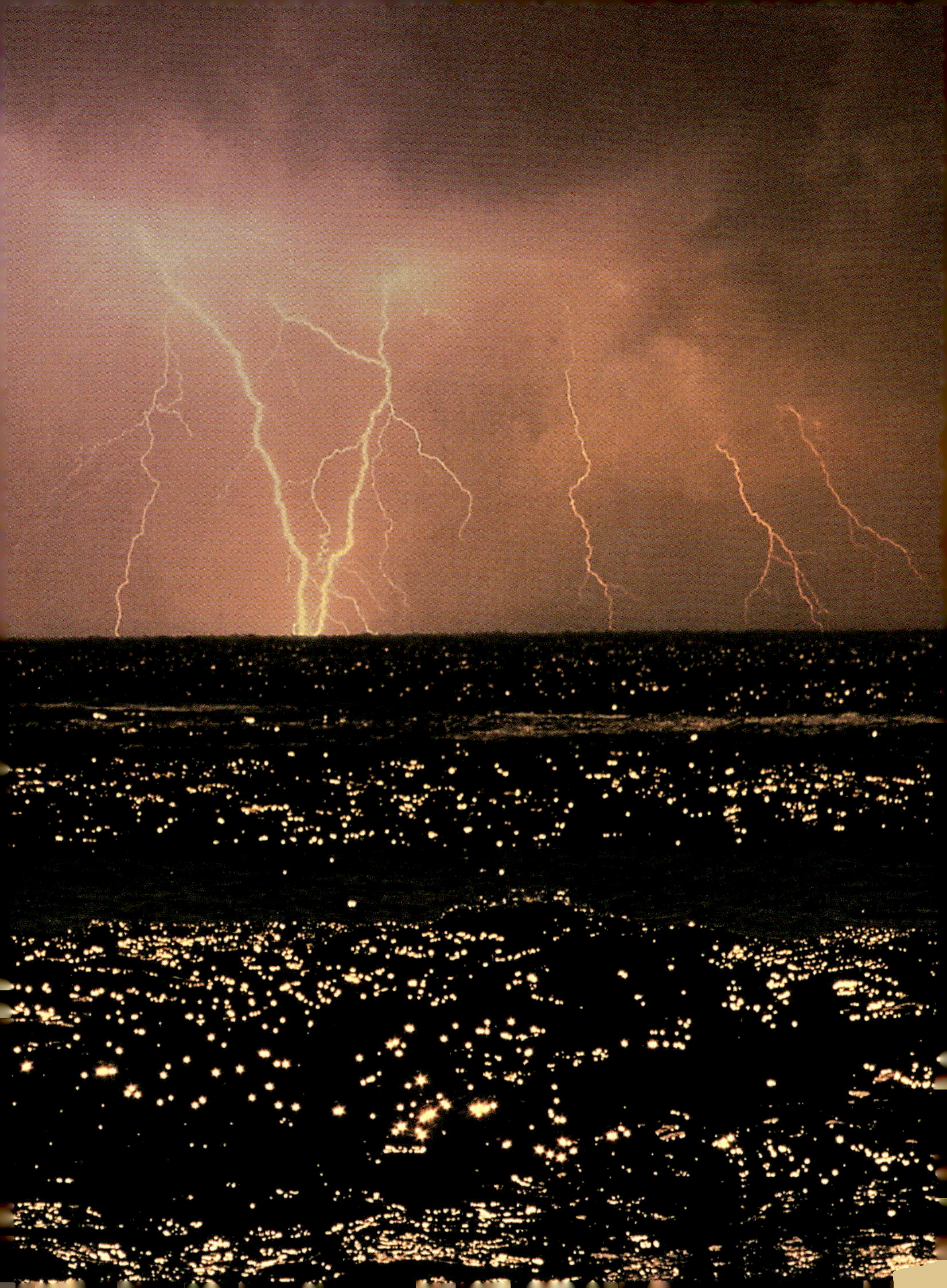

Alles ist zerschlagen,
nichts werd' ich mehr wagen
oder auch nur fragen.
    Dahin ist all mein Plan.

Was soll all mein Klagen,
ja bloß nichts mehr sagen!
Wie kann ich es tragen?
    Schweigen deckt mich zu.

Endlich find' ich Ruh'.

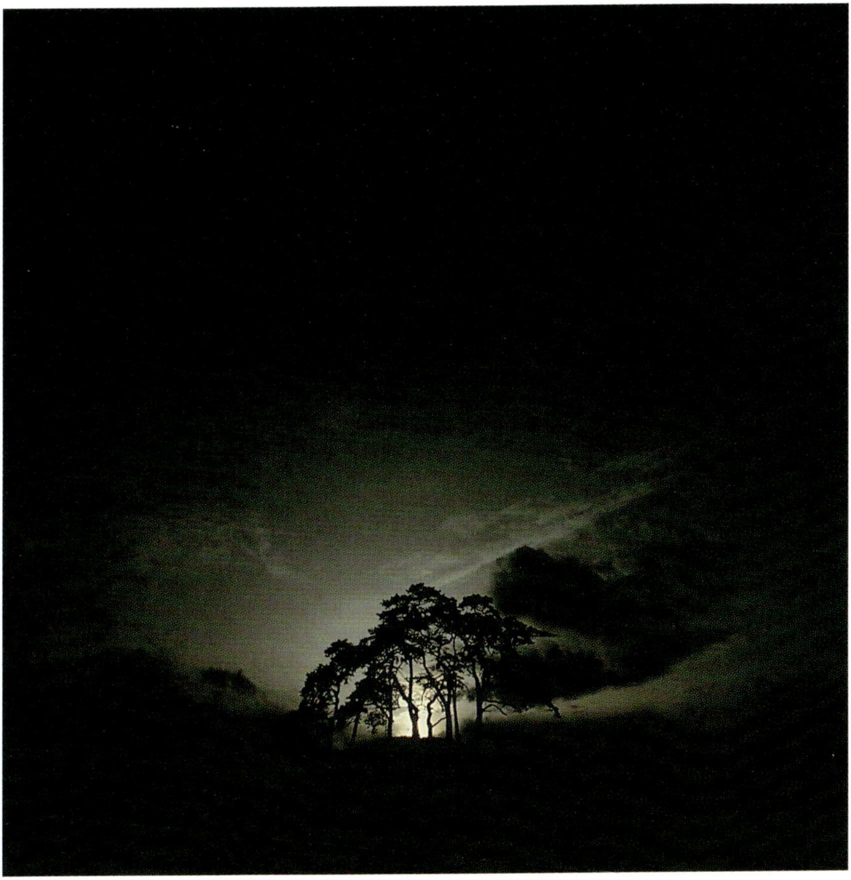

Selig die Trauernden, denn sie werden getröstet werden.

Mt 5, 4

Klingt das nicht nach Vertröstung ins Jenseits? Haben wir nicht schon genug von billigem Trost? Beileidsformeln sind uns zuwider. Wie oft haben wir uns schon den schnell dahingesagten Satz anhören müssen: „Das Leben geht weiter..."

Ruft obiges Jesuswort aber nicht auch ein Stück Sehnsucht in uns wach? Sehnsucht danach, ohne ein Ablenken vom Grund unserer Trauer, ohne ein Zudecken des Schmerzes echten Trost zu erfahren? Nicht um ein Wegsehen von der Wirklichkeit geht es, sondern um ein intensiveres Hinsehen, um im Zwielicht des eigenen Lebens der verborgenen Hoffnung gewahr zu werden.

Die Situation kann durch den Trost nicht sofort verändert werden, indem er das Verlorene wiederbringt oder jegliche Sehnsucht erfüllt. Aber wenn es in einem gewissen Sinn stimmt, daß der Weg das Ziel ist, so birgt ein neuer Aufbruch und das neuerliche Unterwegssein schon die Kraft des Trostes in sich. Das Leben geht weiter, aber anders. Im Tragen des Leides enthüllt sich auf unaussprechliche Weise Schritt für Schritt der Sinn der göttlichen Verheißung.

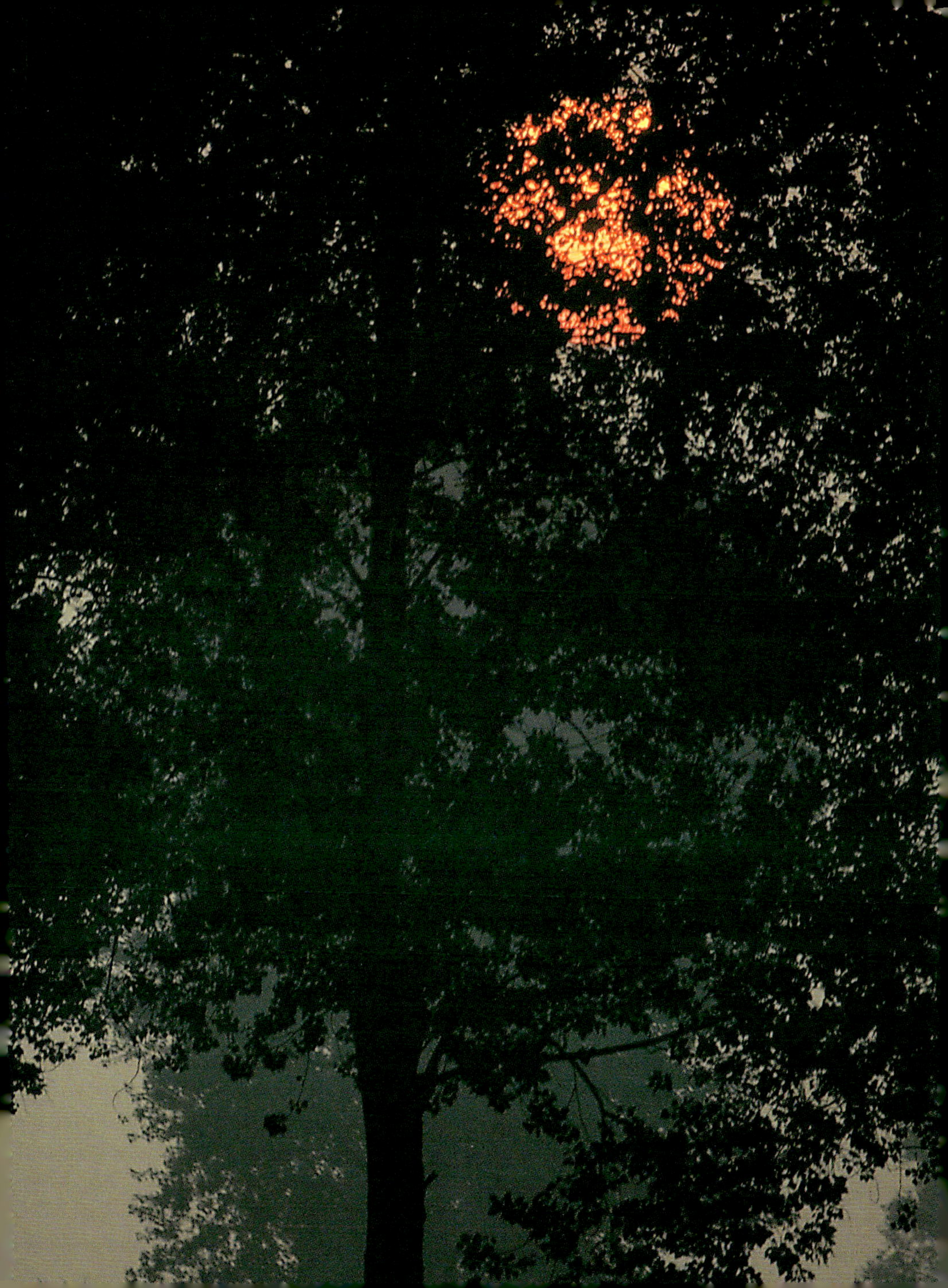

Nachtrot fremder Augenblick
Trost, der keinen Boten braucht,
wirke bei den fernen Toten.

Dunkelheit, Fremdheit, Verlorenheit und Ferne – alles ist gemildert durch die abendliche Röte des Himmels. Unmittelbare Kraft, spontane Freude und einen neuen Anfang wünschen wir den Menschen, die im Leben wie tot sind. Die „Toten" sind nicht jenseitige Geister, sondern jene, die wie erstarrt und kommunikationslos in sich selbst eingesperrt sind oder sich in ihrem Schmerz selbst verzehren. Sie sind fern dem Land der Lebenden. Das Jenseits, der göttliche Bereich, ist aber eine Wirklichkeit des Lebens. Je mehr wir an den Gott des Lebens glauben, um so mehr sind uns die wirklich Verstorbenen als Menschen nahe und bleiben in unserem Alltag lebendig.

Dieses Buch ist Teil einer Sammlung.
In gleicher Ausstattung sind bisher erschienen:

Isabella Schneider/Anselm Spring, Ich lebe meinen Traum – *Vom Glück*
ISBN 3-629-00716-3
Isabella Schneider/Anselm Spring, Du hast dich mir vertraut gemacht –
Von der Freundschaft ISBN 3-629-00717-1
Johanna Schreiner/Anselm Spring, In der Tiefe wächst die Kraft – *Vom Gesundwerden*
ISBN 3-629-00718-X

Johanna Schreiner/Anselm Spring, Die Liebe ist leidenschaftlich ISBN 3-629-00706-6
Angela Römelt/Anselm Spring, Die Liebe ist göttlich ISBN 3-629-00707-4
Johanna Schreiner/Anselm Spring, Die Liebe ist ein Fest ISBN 3-629-00708-2
Isabella Schneider/Anselm Spring, Die Liebe ist verrückt ISBN 3-629-00709-0
Angela Römelt/Anselm Spring, Die Liebe ist Vertrauen ISBN 3-629-00710-4
Isabella Schneider/Anselm Spring, Die Liebe ist geheimnisvoll ISBN 3-629-00711-2
Angela Römelt/Anselm Spring, Die Liebe ist Hoffnung ISBN 3-629-00712-0
Isabella Schneider/Anselm Spring, Die Liebe ist unendlich ISBN 3-629-00713-9

Quellennachweis
Dietrich Bonhoeffer zit. aus „Widerstand und Ergebung. Briefe und Aufzeichnungen aus der Haft", hg. v. Eberhard Bethge, München 1970, 436.

Die Deutsche Bibliothek – CIP-Einheitsaufnahme

Ein neuer Morgen, ein neuer Tag: Vom Trost / Johanna Schreiner; Anselm Spring. - Augsburg: Pattloch, 1996
ISBN 3-629-00715-5

Es ist nicht gestattet, Abbildungen dieses Buches zu scannen, in PCs oder auf CDs zu speichern oder in PCs/Computern zu verändern oder einzeln oder zusammen mit anderen Bildvorlagen zu manipulieren, es sei denn mit schriftlicher Genehmigung des Verlages.

Pattloch Verlag, Augsburg
© Weltbild Verlag GmbH, 1996
Produktion: Ulrich Ruf, Freiburg
Reproduktion: Koppenhöfer, Mundelfingen
Gedruckt auf chlorfrei gebleichtem Papier.
Druck und Bindung: Appl, Wemding
Printed in Germany

ISBN 3-629-00715-5